उसी लम्हे की ख़ातिर

स्वदेश

BlueRoseONE.com
Stories Matter
NewDelhi • London

BLUEROSE PUBLISHERS
India | U.K.

Copyright © Swadesh 2024

All rights reserved by author. No part of this publication may be reproduced, stored in a retrieval system, or transmitted in any form or by any means, electronic, mechanical, photocopying, recording or otherwise, without the prior permission of the author. Although every precaution has been taken to verify the accuracy of the information contained herein, the publisher assumes no responsibility for any errors or omissions. No liability is assumed for damages that may result from the use of information contained within.

BlueRose Publishers takes no responsibility for any damages, losses, or liabilities that may arise from the use or misuse of the information, products, or services provided in this publication.

For permissions requests or inquiries regarding this publication, please contact:

BLUEROSE PUBLISHERS
www.BlueRoseONE.com
info@bluerosepublishers.com
+91 8882 898 898
+4407342408967

ISBN: 978-93-6783-808-2

Cover artwork by Santosh Hegde, © 2024.
Typesetting: Sagar

First Edition: December 2024

दैरो हरम[1] में रहता है या कहीं और, नहीं पता
इबादत, आह और दुआ को मालूम है, उसका पता

---
1. दैरो हरम- मंदिर, मस्जिद

विनम्र कोशिश....

पहली किताब **आईना** के सुरुचि संपन्न पाठकों का प्यार, उनकी हौसला अफ़ज़ाई से, अपने कलाम का अगला मक़ाम **उसी लम्हे की ख़ातिर** मूर्त रूप में प्रस्तुत है।

फ़िक्र, चिन्तन, एहसास और अनुभूति के इस रचनात्मक सफ़र में महज़ दिल ही नहीं, दिमाग़ और होश के साथ जज़्बात का मुक्त आकाश भी मौजूद है। बस यह विनम्र कोशिश रही कि पाँव तले ज़मीन न छूटे।

जो सोचा, जितने खट्टे-मीठे, प्रिय-अप्रिय प्रसंग, तल्ख़ और अज़ीज़ तजुर्बात मिले, उन्हीं की शब्दों के माध्यम से अभिव्यक्ति, इस विश्वास के साथ, हाज़िर है कि आपका प्यार, प्रेरणा ही मेरा प्रेय और श्रेय है।

ज़िन्दगी में आस्था, व्यवहार में बेलौस ईमानदारी, ज्ञानात्मक संवेदना ही इन अश्आर और ग़ज़ल की निजी संपदा, विरासत है, जिसे संग्रह 'उसी लम्हे की ख़ातिर' के रूप में अपने पाठक और श्रोता को प्रस्तुत करते हुए तहे दिल से शुक्रगुज़ार और किंचित संकोच महसूस कर रहा हूँ।

'उसी लम्हे की ख़ातिर' की ज़बान-शैली, अपनी भाषायी जन्म भूमि और रचनात्मक जीवन अनुभव की कर्मभूमि से प्रसूत है। बस मुतवातिर सजग कोशिश रही है कि अनुभूति के संदर्भ में 'गंगा जमुनी' तहज़ीब की साँस्कृतिक बयार भी अपने रूप-रंग, रस, स्पर्श और गंध के साथ बरक़रार रहे।

'उसी लम्हे की ख़ातिर' के इस प्रयास में दोस्त हम्माद फ़ारूक़ी के साथ ख़ुशकलामी और चाय के प्यालों की सोहबत एक विशिष्ट अनुभव रहा।

आख़िर में अपने परिवारजनों, सभी दोस्तों, शुभेच्छुओं और प्रकाशक का आभारी हूँ, जिनकी प्रेरणा और प्रोत्साहन मेरी सृजनात्मकता का आधार रहे।

स्वदेश

अजब सिलसिला है, ज़िन्दगी की किताब का
किसी को नहीं पता, अगले सफ़ह[1] पर क्या लिखा

---
1. सफ़ह - पन्ना

तरतीब

अश्आर	1-28
ग़ज़ल	29
उसी लम्हे की ख़ातिर	30
हमनशीं शायद	32
तुम्हारे नायाब ख़त	33
गर हमदर्दी है	34
मज़ा हम से पूछिए	35
ये कैसी अदायें	37
माँ के क़दमों की धूल	38
झलक	39
घर कहीं मिला नहीं	40
रह जाओगे	42
क्या गुनाह कर दिया	43
माहिर हैं लोग	44
मेरे ज़ख़्म	46
ज़िन्दगी की गुज़र	47
लायक़ नहीं होते	48
बेशक दुश्वारियाँ थीं	49
किसी की इम्दाद	50
गवारा नहीं	51
हसीं नज़र उठाकर	52
तबस्सुम	53
एतबार नहीं	54

सोचा न था	56
तबस्सुम और अश्क	58
सच की मंज़िल	59
गुनाह से कम नहीं	60
छोड़ दोगे	61
मन्नत	62
सँवर सकती है	63
होकर परेशाँ	64
बेमानी है	65
पाकीज़ा नूर	66
लाज़िम है ईमान	68
बयार	69
उसकी आँखें	70
ज़माना सुधर जायेगा	71
कोई सानी नहीं	72
अंजाम-ए-आशिक़ी	73
क़ुदरत का निज़ाम	74

अश्आर

जब से कायनात में रब की झलक दिखने लगी
दुनिया जन्नत से ज़्यादा ख़ूबसूरत लगने लगी

डरा नहीं था, रुक गया था ख़तरा देखकर
तूफ़ाँ ने रुख़ बदल लिया, मुझे खड़ा देखकर

हँसते हुए फ़क़ीर को देख, यक़ीन हो गया
दौलत का ख़ुशियों से कोई तअल्लुक़[1] ही नहीं

वो कशमकश[2] से, हमेशा जंग लड़ता रहा
जुनूँ[3] पैदा न कर सका, रास्ता बदलता रहा

इश्क़ में गिले-शिकवे भी जायज़ हैं, 'स्वदेश'
ख़ुदापरस्त[4] भी, ख़ुदा से ही शिकायत करते हैं

1- तअल्लुक़ - वास्ता, संबन्ध,
2- कशमकश - द्वंद्व
3- जुनूँ - उन्माद, दीवानापन
4- ख़ुदापरस्त - ख़ुदा/ईश्वर को पूजने वाले

खाने के वक़्त, आँख क्यों नम हो रही है
शायद, भूखे बच्चे की माँ, कहीं रो रही है

बोलना तो हम, दो बरस में सीख जाते हैं
क्या नहीं बोलें, उम्र भर नहीं सीख पाते हैं

मदद हर हाल में करें, मगर यह ख़्याल रहे
कि ख़ुदा के सिवा, किसी को पता न चले

बेसबब कोशिश है, यूँ ही आँचल सँवारने की
ख़्वाहिश तुम्हारी भी है, हद से गुज़र जाने की

ज़िन्दगी और मौत में, फ़र्क़ है, इक सांस का
चल रही है तो जी रहे हैं, रुक गई तो ख़ात्मा

कुछ ख़ास करने से ही, इज़्ज़त मिला करती है
उचक-उचक के दिखने से, ऊँचाई नहीं बढ़ती है

शमा के हुज़्न-ओ-ग़म[1] वो ही देख पायेगा
जो शख़्स, मुहब्बत की पनाह[2] में चला जायेगा

दुआ दोनों ही करते हैं, हिंदू हों या मुसलमां
फ़र्क़ है फ़क़त, जुड़ी और खुली हथेलियाँ

1- हुज़्न-ओ-ग़म - मायूसी और ग़म
2- पनाह - शरण, आश्रय

मज़दूर को, मिट्टी के ढेर पर सोते देखकर
यक़ीं हो गया, बिस्तर ज़रूरी नहीं, सोने के लिए

ताक़त से हरगिज़ नहीं, आह से डर लगता है
इंसान से नहीं, फ़क़त ख़ुदा से डर लगता है

रिश्तों की हक़ीक़त देखकर, यक़ीन हो चला
रिश्तों को जीना बेमानी[1] है, आज के दौर में

बराबरी करना वाजिब है, और करनी भी चाहिए
ज़रूरी है कि दोनों के हालात, ग़ौर से देखे जायें

1- बेमानी - निरर्थक, बेकार, निष्फल

अजब सिलसिला है, ज़िन्दगी की किताब का
किसी को नहीं पता, अगले सफ़ह[1] पर क्या लिखा

कोई कितना भी लिखे उस पर, कम पड़ जाएगा
क़लम तो होगी उसकी, मेरी नज़र कहां से लाएगा

अहम किरदार[2] हैं ज़िन्दगी के, ख़ुशी और ग़म
मसअला[3] है कि किसको कितनी तरजीह[4] दें हम

मुझे जुनूने इश्क़ था, उसे था हुस्न का नशा
हमारी दास्तां के दरमियाँ, बहुत बड़ा था फ़ासला

1- सफ़ह - पन्ने
2- किरदार - चरित्र
3 - मसअला - समस्या
4- तरजीह - प्रधानता, श्रेष्ठता

कशमकश[1] और जुनून की जंग मिट गई
जब दीवार पर चढ़ती, चींटी दिख गई

जब उसके पाक क़दमों का निशाँ दिख गया
पाँव ठहर गये, सज्दे में सर झुक गया

इश्क़ प्यार की गंगा है, तोहफ़ा है ख़ुदा का
खट्टा – मीठा ही सही, मज़ा है ज़िन्दगी का

किसी डूबते को देखकर, बुत[2] बने खड़े रहे
तुम्हें इन्सान समझना, ख़ता है मेरी नज़र की

1- कशमकश - द्वंद्व
2- बुत - मूर्ति, मूरत

जोखिम उठाने की, जो हिम्मत नहीं करते
गुज़र तो कर लेते हैं, कुछ नाम नहीं करते

'स्वदेश', इश्क़ में शक का मक़ाम[1] नहीं होता
इबादत है ये, इसमें तिजारत का काम नहीं होता

आसान नहीं है, इंसान का तन्हा रह पाना
जो ख़ुश है तन्हाई में, वो फ़क़ीर[2] है या दीवाना

हासिल है महारत जिन्हें झूठ और फ़रेब[3] में
दौलतमंद तो बन सकते हैं, इंसान हरगिज़ नहीं

1- मक़ाम - जगह, अवसर
2- फ़क़ीर - सन्यासी, भिक्षुक
3- फ़रेब – छल, कपट, धोखा

बंगला, कोठी, फ्लैट या फिर हो कोई मकान
गर अपने, साथ रहें तो घर, वरना सब वीरान

चाहे जिसे, शामिल कर लो, ज़िन्दगी में तुम
मगर अपनी ज़िन्दगी, न बनाना किसी को

न ईमान की ख़बर है, और न है दूर तलक वास्ता
जनाब, ख़ुद को समझते हैं, मज़हब का नुमाइंदा

नाज़नीं[1] की शर्म-ओ-हया[2] ने अजब असर किया
ग़ुरूर हुस्न वालों का, ख़ुद-ब-ख़ुद जाता रहा

1- नाज़नीं - कोमल, सुकुमारी, सुंदरी
2- शर्म-ओ-हया - लाज और शर्म

करके नक़ल, लिख रहे हो, जवाब ज़िन्दगी का
नादां, अलग सवाल होता है हर ज़िन्दगी का

समंदर की गहराई, ख़ामोशी का राज़ है
ख़ामोश मोहब्बत बाप की, क़ाबिले नाज़ है

अगर ख़ूबसूरती है, तो, देखना वाजिब है
गुनाह तो फ़क़त, अंदाज़-ए-निगाह का है

जो हौसले को जुनूँ में तब्दील कर सकता है
'स्वदेश' वो ख़ुद-ब-ख़ुद तक़दीर बदल सकता है

दौलते-मुल्क सिमट रही है चंद घरानों में
शमए-सुर्ख़[1] जलाना ज़रूरी है ज़माने में

दग़ा कोई ग़ैर देता, शायद ग़म न होता
यारब[2] मुझे अपनों ने छोड़ा नहीं कहीं का

पैमाना बस इतना सा है रिश्तों का, 'स्वदेश'
जो तुझे खोये, वो क़दम दर क़दम रोये

सारी उम्र कम पड़ जाती है रिश्ते निबाहने में
सिर्फ़ इक लम्हा काफ़ी है, उन्हें मिटाने में

1- शमए-सुर्ख़ - समाजवाद का दीपक
2- यारब - हे ईश्वर

नाजायज़¹ दौलत का चाहे जितना अंबार² करो
होती नहीं कफ़न में जेब, बस इतना ख़्याल करो

'स्वदेश', जब रिश्तों में, झूठ या फ़रेब³ आ जाय
बेहतर है कि तर्के-तअल्लुक़⁴ कर लिया जाय

तूफ़ाँ ने सारा ज़ोर लगा दिया, दरख़्त⁵ गिराने में
था झुकने का हुनर जिन्हें, कामयाब रहे बच जाने में

राह किनारे शजर से, ज़मीं पर फूल बरस रहे थे
कुछ पाँव रखने से बच रहे थे, कुछ कुचल रहे थे

1- नाजायज़ - ग़लत ढंग से,
2- अंबार -- ढेर
3- फ़रेब – छल, कपट, धोखा
4- तर्के-तअल्लुक़ -- संबन्ध विच्छेद
5- दरख़्त -- पेड़, शजर

कोई वुजूद[1] नहीं होता है, अंधेरों का, 'स्वदेश'
रौशनी का न होना ही, वजह है अंधेरों की

उसे हरगिज़ नहीं हक़, रिश्तों का ज़िक्र करने का
जिसकी माँ, वृद्ध-आश्रम में वक़्त बिता रही है

कोई मंज़िल दिखा दे, शायद रस्ता भी बता दे
पर आख़िरश[2], आज़माइश तो, जुनून की होगी

सबको हँसाना, बहुत ख़ूबसूरत अदा है, दोस्त
पर है अपनी तहज़ीब[3] का भी, ख़्याल रखना

1- वुजूद – अस्तित्व,
2- आख़िरश - अंत में
3- तहज़ीब - शिष्टता, सुशीलता

रोज़ सुबह, माँ के क़दमों में सर रख लेता हूँ
'स्वदेश', जन्नत को अपने हक़ में कर लेता हूँ

रहें पाँव ज़मीन पर, तो बेहतर है, जनाब
हवा में उड़ने वालों का, हश्र[1] अच्छा नहीं होता

रहनुमाओं के बयानात से यक़ीन हो चला
न ये सियासत जानते हैं, न शहादत मानते हैं

रिश्तों और तजुर्बात से, सिर्फ़ इतना समझ सका
सब ख़ुदग़र्ज़ हैं यहाँ, कुछ कम, कुछ ज़्यादा

1- हश्र - अंत

सँवर जाय जाहिल[1], ये मुमकिन है, 'स्वदेश'
पढ़ा लिखा जाहिल सुधर जाय, हो नहीं सकता

ज़रूरी नहीं कि हादसों से ही सीखा जाय
परवरदिगार[2] ने बख़्शा है, दिमाग़ भी हमें

रिश्तों की डोर, दिल से पकड़ कर रखिये
ख़ुदग़र्ज़ी[3] की धार, बड़ी ख़तरनाक होती है

माँ-बाप को, तन्हा छोड़ देने वालों
शाख़ से जुदा पत्ते, कभी हरे नहीं रहते

1- जाहिल - उद्दंड, बेवक़ूफ़, अशिष्ट
2- परवरदिगार - ख़ुदा, ईश्वर,
3- ख़ुदगर्ज़ी - स्वार्थ

क्यों ज़ुल्म की इन्तिहा करते हो, जनाब
क्या तुम इंसानियत से, वाक़िफ़ भी नहीं

तमाम उम्र और तजुर्बात[1] कम पड़ जाते हैं
इंसान की फ़ितरत[2] समझने की ख़ातिर

नहीं है उसे मोहब्बत का शऊर, न सही
मेरी तो अहदे-वफ़ा[3] है, ता उम्र निबाहने की

ख़ुद की लाश को लिये, तभी से भटक रहा हूँ
जब औलाद ने कहा, कि यहाँ क्यों आ गये

1- तजुर्बात – अनुभव
2- फ़ितरत - स्वभाव, प्रकृति, आदत
3- अहदे-वफ़ा - प्रेम प्रतिज्ञा

जब से कायनात[1] में, रब की झलक दिखने लगी
दुनिया जन्नत से ज़्यादा, ख़ूबसूरत लगने लगी

लुटा दी दौलत ख़ुदग़र्ज़ी में, तो क्या ख़ास जनाब
पोंछ लेते ग़र किसी के आँसू , मिलता बड़ा सवाब[2]

न कोई किसी का है, और, न कोई रिश्ता है यहाँ
कहीं जज़्बात[3] तो कहीं, यक़ीन से चलता है जहाँ

बुलंदियों पर चढ़ते जाओ, मक़ाम[4] हासिल करो
ज़माने को दिखाने को नहीं, बज़्मे जहां[5] देखने को

---

1 - कायनात - ब्रह्माण्ड

2 - सवाब- पुण्य,

3 - जज़्बात - भावनाएँ, विचार

4 - मक़ाम - स्थान, जगह, मक़सद

5 - बज़्मे जहां - दुनिया के नज़ारे

जम्हूरियत[1] के दौर में भी, मुल्क के दहक़ाँ[2]
कर लेते हैं ख़ुदकुशी, तंगी -ए- मुफ़लिसी[3] में

सोचा तो बहुत, तर्के - तअल्लुक़[4] कर लें
मासूम दिल है कि सुनने को राज़ी नहीं

जहां में ज़र-जायदाद का कोई हिसाब नहीं
मगर दौलते - इश्क़ का, कोई जवाब नहीं

उसकी कोशिश ही कहाँ, मुझे बचाने की
उसे तो जल्दी है, घर की तख़्ती हटाने की

1- जम्हूरियत - प्रजातंत्र,

2- दहक़ाँ - किसान

3- तंगी-ए-मुफ़लिसी - ग़रीबी से तंग होकर

4- तर्के-तअल्लुक़ - संबन्ध विच्छेद

गर सभी को हासिले-मशक़्क़त[1] मयस्सर[2] हो जाये
'स्वदेश', जन्नत ख़ुद-ब-ख़ुद, ज़मीं पर उतर आये

वक़्त और क़िस्मत, साज़िश दोनों की जान पड़ती है
वरना वफ़ाओं के महल में, मोहब्बत नहीं सिसकती

सब कुछ क़ुर्बान करता है पर ख़ामोश रहता है
प्यार की फ़ेहरिस्त से, बाप अक्सर गायब रहता है

फ़र्क़ नहीं पड़ता है खाने में, बर्तन मिट्टी का है या चांदी का
पर फ़र्क़ ज़रूर होता है खाने में, ईमां का है या बेईमानी का

1- हासिले-मशक़्क़त - मेहनत का फल

2- मयस्सर - प्राप्त होना, मिलना

कामयाबी मक़्सद है तो हौसले को जुनूँ में बदल
'स्वदेश',जीत अक्सर, आख़िरी क़दम से मिलती है

हो अगर तन्हा, तो बहुत मुश्किल नहीं है ज़िन्दगी
अपनों के बीच भी तन्हा हो, तो जहन्नुम है ज़िन्दगी

ख़ुद की मेहनत, ग़ैर की दौलत गर ज्यादा दिखती है
वजह तुम्हारी सोच है, जो हक़ीक़त उल्टी दिखती है

राहे - इश्क़ में न जाने कैसे- कैसे मुक़ाम आते रहे
क़ुर्बान था जो दिलो जाँ से, उसी को आज़माते रहे

प्यार की जब हद न रह जाए तो इश्क़ होता है
कम या ज़्यादा क्या, इश्क़ बस इश्क़ होता है

महज़ ख़ूबसूरती देखते हैं जो शफ़क़ की
उन्हें सहरा की तपिश का एहसास ही क्या

हो सकता है कि ग़लत वो भी न हो, 'स्वदेश'
वक़्त अच्छे भले रिश्तों में आग लगा देता है

छत पर सोने को तुमने कह दिया, जिन्हें
उन्होंने अक्सर, तुम्हें गोद में सुलाया है

कहते हैं, माँ-बाप की ख़िदमत से जन्नत मिलती है
मुझे तो जन्नत, हमेशा उनके क़दमों में दिखती है

ज़िन्दगी की कशमकश में, हम अक्सर हार जाते हैं
यक़ीन होता है जिन्हें ख़ुद पर, बाज़ी मार जाते हैं

नफ़ीस लोगों की हर अदा, होती है लाजवाब
नाराज़ हो जायें गर, तो पेश करते हैं गुलाब

रोक रोक कर, हवाओं ने पूछा, उदासी का सबब
मैंने कहा, ज़ख़्मों को छेड़ना अच्छा नहीं होता

ऐसा वक़्त भी आता है, इंसान की ज़िन्दगी में
जब ख़ुशियों की नहीं, सुकून की दरकार होती है

जिसने माँ के आँसुओं की, अहमियत[1] न जानी,
उसके लिये काफ़ी है, फ़क़त चुल्लू भर पानी

हो गया है प्यार और इख़्तियार की बात करते हो
हासिल है समंदर तुम्हें, चाहत दरिया की रखते हो

ज़रूरी है कि मसअले, दिल ओ दिमाग़ से हल किये जायें
बेजा[2] असर उम्र या रिश्तों का, वाज़िब नहीं, 'स्वदेश'

1- अहमियत - महत्व
2- बेजा - अनुचित, असंगत, बेतुका

अजब सबक़ सिखाये हैं, ज़िन्दगी ने मुझे
सारा इल्म किताबों का बेमानी हो गया

माँ-बाप की क़ुर्बानी, जो बख़ूबी जानते हैं
वो, उन्हें फ़रिश्तों से कम नहीं मानते हैं

अजब दर्द दिया है, बेवफ़ा सनम ने
ज़ख़्म दिखता नहीं, दर्द मिटता नहीं

इक तबस्सुम पर, दौलते-इश्क़ लुटा दी
'स्वदेश', हमने अपनी ज़िन्दगी बना ली

'स्वदेश', ख़ुद को ग़ौर से जब देखा आईने में
उसके बाद, कोई ग़लत न दिखा ज़माने में

अपनों से उन्सियत[1] का, ग़ज़ब सिला मिला
अक्सर याद आने लगी है, दुश्मनों की मुझे

वक़्त पर तोहमत[2] लगाने से क्या हासिल
आ'माल[3] का अंजाम, देखना तो लाज़िम है

इसको, उसको, समझने में, क्यों होते, बेताब
हम तो ख़ुद को समझने में, उलझे बहुत जनाब

1- उन्सियत - स्नेह, मुहब्बत, लगाव
2- तोहमत - दोष, इल्ज़ाम
3- आ'माल - कार्य, काम, आचार-व्यवहार

इश्क़ को अपनी मंज़िल बनाकर
सौदा-ए-मुहब्बत पर नाज़ है मुझे

जहाँ के तमाम गुनाह बहुत कम हैं
'स्वदेश', बेवफ़ा मोहब्बत के सामने

जो चंद लम्हात वक़्त ने बख़्शे थे हमें
कमबख़्त शिकायतों ने छीन लिया उन्हें

चाहे वो सारा जहाँ ख़रीद ले, जनाब
पर मेरे ख़्वाब ख़रीद ले, हो नहीं सकता

अपनों से हार मान लेना बेहतर है, 'स्वदेश'
पांडवों ने महज़ पांच गाँव, मांगे थे, इसीलिए

इश्क़ बहुत ही दिलचस्प खेल है, जनाब
जो जीतता है, दरअस्ल वही हारता है

ज़रूरी नहीं, दुनियादारी में ही उलझे रहो
जनाब, कभी-कभार ख़ुद से भी मिला करो

वक़्त का सितम न कहें, तो कहें क्या
जो इंसान न बन सका, रहनुमा बन गया

सजदा भी सही था और दिल से की थी दुआ
ख़ुदा जानता है कि मेरे हक़ में नहीं थी दुआ

मुन्सिफ़ ही जब मुजरिम[1] से मिल जायेगा
इंसाफ़ और गुनाह में फ़र्क़ मिट जायेगा

जिसके तआरूफ़[2] में मुनासिब[3] लहजा न हो
जनाब, ऐसे शख़्स से गुफ़्तगू करना गवारा नहीं

शे'र अदा है, निदा[4] है, मुकम्मल फ़लसफ़ा है
जनाब, अपने-अपने हक़ का मज़ा लीजिये

1- मुजरिम – अपराधी, 2- तआरूफ़ - परिचय
3- मुनासिब – उचित, 4- निदा - आह्वान, संबोधन

ग़ज़ल

अगर ख़ूबसूरती है, तो, देखना वाजिब है
गुनाह तो फ़क़त अंदाज़-ए-निगाह का है

उसी लम्हे की ख़ातिर

इक़रार[1] किया था नाज़नीं[2] ने, जब नज़र से
उसी लम्हे की ख़ातिर, ख़्वाहिश मचलती है

ज़ुबां बेक़रार है, ज़माने को कहानी बताने को
मगर मेरी आँख शर्मो-हया[3] का पानी रखती है

परेशाँ दिल चाहता है, ग़मे दास्ताँ बयां कर दूँ
उसे बेनक़ाब करने में, मेरी धड़कन ठहरती है

सांसों में सरगम था, लय थी, मस्ती थी, कभी
पर अब सांस रुक जाने को बेताब रहती है

1- इक़रार – स्वीकृति,
2- नाज़नीं – सुकुमारी, सुंदरी
3- शर्मो-हया – लाज-शर्म

अक्सर ज़ेहन कहता है कि अलविदा कह दूँ, उसे
मायूस दिल की हर सोच, उम्मीद से चलती है

फ़िज़ाओं[4] में उसके गेसुओं की, ख़ुशबू महकती है
'स्वदेश', बादलों में दिलनशीं की तस्वीर दिखती है

4- फ़िज़ाओं - हवाओं

हमनशीं शायद

हमनशीं शायद इसी डगर से फिर गुज़रे
हसरत-ए-दीदार[1] की ख़ातिर यहीं ठहर लेता हूँ

ख़ूबसूरत है दिलनशीं, उसके जलवे हैं बहुत
चलो, उसके जलवों के साये में ठहर लेता हूँ

उसका ख़्याल है कि बिछुड़ कर ख़ुश हूँ, मैं
चलो ग़मे दिल की दास्तान बयां कर देता हूँ

शायद ग़लतफ़हमी है उसे, कि ग़ुरूर है मुझे
चलो दिल ओ दिमाग़ की हक़ीक़त बता देता हूँ

ज़ेहन-ओ-तसव्वुर[2] में उम्मीद की रौशनी है, वो
राहते जां[3] की राह में, पलकें बिछा देता हूँ

1- हसरत-ए-दीदार - देखने की लालसा
2- ज़ेहन-ओ-तसव्वुर - मस्तिष्क और कल्पना
3- राहते जां - प्राणाधार, प्रेमी/प्रेमिका

तुम्हारे नायाब ख़त

तुम्हारे नायाब ख़तों के ख़ूबसूरत लफ़्ज़
ग़मे दरिया में कश्ती बनकर चले आते हैं

दिलकश अंदाज़ है तेरे ख़्यालों का जानम
हम बुलाते हैं नींद को, वो दौड़े चले आते हैं

वो तुम्हारी उन्सियत[1], हसीं वादे और क़रार[2]
मेरे, दिले बेक़रार को नाख़ुदा नज़र आते हैं

मेरी वफ़ा को न दे सके, कोई कभी इल्ज़ाम
तेरे ख़्याल ओ ख़्वाब को लेकर सो जाते हैं

अदायें हैं तुम्हारी, या मेरी आँखों की शरारत
देखता हूँ जो आईना, तेरे चेहरे नज़र आते हैं

1- उन्सियत - स्नेह, प्यार, लगाव
2- क़रार - सांत्वना, ढाढस, इक़रार

गर हमदर्दी है

गर हमदर्दी है मुझसे, परिन्दों ज़रूर आया करो
मगर किसी मग़रूर[1] की याद मत दिलाया करो

मेरा आशियाँ[2] भी कभी आबाद था, गुलज़ार[3] था
ग़मे दास्ताँ सुनाकर, दीवानगी मत बढ़ाया करो

ख़ुदा के बख़्शे हालात, तस्लीम[4] कर लिये हैं
दीगर क़ुबूलनामों का, ज़िक्र मत लाया करो

रब के रहम-ओ-करम से, चलता है, जहाँ
कोई ख़ुद को ख़ुदा माने, मुझे मत बताया करो

अच्छा वक़्त है जिनका, और रहम करे ख़ुदा
वक़्त आने में वक़्त लगता है, मत बताया करो

1- मग़रूर – घमंडी, 2- आशियाँ - घर
3- गुलज़ार - रौनक
4- तस्लीम - स्वीकार करना, क़बूल करना

मज़ा हम से पूछिए

तमाम उम्र कम पड़ गयी, जिसको भुलाने में
उस हसीं के तबस्सुम[1] का, मज़ा हम से पूछिए

दिलनशीं[2] की शर्म -ओ- हया की अदा से
नींदों की रुख़्सती[3] का, मज़ा हम से पूछिए

सुर्ख़ गुलों पर, मचलते भंवरों की ज़ेहनियत[4] के
हसीं ख़्याल ओ ख़्वाब का, मज़ा हम से पूछिए

क़िस्मत के सितम से किस कदर तन्हा हुये हम
तन्हाई में डूबी ज़िन्दगी का, मज़ा हम से पूछिए

1- तबस्सुम - मुस्कान
2- दिलनशीं - जो दिल में रहती है
3- रुख़्सती – विदाई, 4- ज़ेहनियत - सोच

नाज़नीं[5] की अदाओं पर फ़िदा क्या हुये हम
बेवफ़ा की ज़फ़ाओं[6] का, मज़ा हम से पूछिए

न हिन्दू हैं, न मुसलमान, फ़क़त इन्सान हैं हम
'स्वदेश', इन्सानियत का, मज़ा हम से पूछिए

5- नाज़नीं - सुकुमारी, नाज़ुक
6- ज़फ़ाओं - अत्याचार, ज़ुल्म, अन्याय

ये कैसी अदायें

ये कैसी अदायें हैं, ख़ूबसूरत आँखों की तुम्हारी
फ़क़त इक नज़र में अपना बना लेते हो

मुद्दत गुज़र जाती है, किसी का दिल जीतने में
महज़ इक नज़र में, तुम आशिक़ बना लेते हो

अजब करिश्मा है, तुम्हारी आँखों का सनम
गुलों को देखते हो, गुंचों को हँसा देते हो

महफ़िल का मिज़ाज, संजीदा हो या मायूस
सिर्फ़ इक नज़र से ख़ुशनुमा बना देते हो

माँ के क़दमों की धूल

माँ के क़दमों की धूल, मेरी पेशानी की शान है
जहाँ की कोई वजह शर्मसार न कर पायेगी

देश हो या परदेश, गर औलाद परेशान है कहीं
माँ के दिल में फ़ौरन हलचल हो जायेगी

उसकी ममता, क़ुर्बानी, परवरिश सब लाजवाब हैं
माँ की तारीफ़ में, अल्फ़ाज़ की कमी पड़ जायेगी

माँ की दुआओं की छांव तले, ख़ुश हूँ 'स्वदेश'
जहाँ की हर मुसीबत ख़ुद-ब-ख़ुद सँभल जायेगी

झलक

सरे बज़्म, दिलनशीं की झलक क्या दिख गई
महफ़िल के होश उड़ गये, मेरी नज़र ठहर गई

ख़्वाब में उसकी झलक, दिल में जोश भर गई
खुली आंखों से, ख़्वाब देखने की लत लग गई

मुद्दतों बाद महजबीं की तस्वीर क्या मिल गई
बुझ रहे ख़्यालात को उम्मीद अता कर गई

नाज़नीं की सिर्फ़ इक झलक, देखी थी कभी
'स्वदेश' उसी की तलाश में तमाम उम्र कट गई

घर कहीं मिला नहीं

यक़ीन और आस में, दिलनशीं[1] की तलाश में
भटकते रहे इधर-उधर, वो कहीं मिला नहीं

नसीमे सहर[2] में, भरी दोपहर, डूबती शाम में
तलाशते रहे हर पहर, कुछ पता मिला नहीं

अंजुमन[3] में, तन्हाई में, पुकारता रहा हर तरफ़
निशां तो मिले बहुत, पर वो कहीं मिला नहीं

गांव गया, शहर गया, घर-घर मिला माँ-बाप से
औलाद तो मिलती रही, श्रवण कहीं मिला नहीं

1- दिलनशीं - जो दिल में है
2- नसीमे सहर - सुबह की सुगंधित हवा
3- अंजुमन - महफ़िल, सभा

दोस्ती के क़िस्से तो सुनने को मिलते रहे बहुत
कृष्ण-सुदामा सी दोस्ती का, ज़िक्र कहीं मिला नहीं

छोटे-बड़े शहर में, बेशुमार फ्लैट और मकां मिले
तमाम कोशिशें की, 'स्वदेश', घर कहीं मिला नहीं

रह जाओगे

रब के वुजूद¹ को तर्क-ए-मीज़ान² में रखने वालों
ज़िन्दगी भर अम्न-ओ-सुकूँ³ तलाशते रह जाओगे

दिल का तलबगार⁴, गर न बना सके किसी को
ता उम्र शरीके हयात को तलाशते रह जाओगे

हर किसी को निगाहे शक से खंगालने वालों
इक हमराज़⁵ की तलाश में भटकते रह जाओगे

ज़िन्दगी को सिक्कों में, उछालने वालों
तमाम उम्र सुकून तलाशते रह जाओगे

1- वुजूद - अस्तित्व
2- तर्क-ए-मीज़ान - तर्क का तराजू
3- अम्न-ओ-सुकूँ - शान्ति और सुख
4- तलबगार - चाहने वाला
5- हमराज़ – राजदार

क्या गुनाह कर दिया

चिलमन[1] की ओट से, उसके नूर की झलक ने
हसीं ख़्वाबों को उड़ने को, मजबूर कर दिया

भरी महफ़िल में, नाज़नीं की नाज़ुक नज़र ने
ग़मे दिल को ख़ुशबू-ए-चाहत[2] से भर दिया

प्यार को, तिजारत[3] के आइने में देखने वालों ने
इश्क़ की पाकीज़गी[4] को बदनाम कर दिया

सरे बज़्म, दिलनशीं ने नक़ाब क्या उठा दिया
हाज़िरीन[5] का वाह कहना आसान कर दिया

फ़ितरते मोहब्बत ख़ासियत है, इन्सान की
इश्क़ उसने किया तो, क्या गुनाह कर दिया

1- चिलमन – पर्दा, 2- ख़ुशबू-ए-चाहत - चाहत की सुगंध
3- तिजारत –व्यापार, 4- पाकीज़गी -पवित्रता, 5- हाज़िरीन - उपस्थित लोग

माहिर हैं लोग

बेहतर है अपने मसअले, ख़ुद हल करें लोग
आग में घी डालने में, यहाँ बहुत माहिर हैं लोग

इक नज़र में यक़ीन कर लेना, मुनासिब नहीं
मुखौटे बदलने में, यहाँ बहुत माहिर हैं लोग

सोच समझकर क़दम रखना बेहतर है, जनाब
तोहमत लगाने में, यहाँ बहुत माहिर हैं लोग

सँभल-सँभल कर क़दम रखना, बुलंदियों पर
चढ़ते को गिराने में, यहाँ बहुत माहिर हैं लोग

ज़रूरी है, दिलो दिमाग़ को हमेशा खुला रखना
आँख से काजल चुराने में बहुत माहिर हैं लोग

ज़रूरी नहीं, राज़-ए-दिल हर किसी को बताना
बात से बात बढ़ाने में, यहाँ बहुत माहिर हैं लोग

मेरे ज़ख़्म

मेरे ज़ख़्म ही ज़िन्दगी के सहारे बन गये हैं
एक सितम और कर, जिए जाने के लिए

ज़ख़्म थक कर, अब नींद आज़माने लगे हैं
मुतरिब[1] छेड़ नग़मा-ए-इश्क़ जगाने के लिए

देर से सही, अदावत के ज़ख़्म भर तो जाते हैं
पर ज़ख़्म-ए-इश्क़ राज़ी नहीं, भर जाने के लिए

बावफ़ा है, तेरी याद, अक्सर आ ही जाती है
कभी मुझे, कभी ज़ख़्मों को जगाने के लिए

बेताब है ज़ेहन[2], 'स्वदेश', हक़ीक़त बयां करने को
पर दिल राज़ी ही नहीं, ग़मे दास्तां बताने के लिए

1- मुतरिब - गायक, संगीतकार
2- ज़ेहन - बुद्धि, प्रतिभा, समझ

ज़िन्दगी की गुज़र

ज़िन्दगी की गुज़र का, ख़ास अन्दाज़ है मेरा
गर न मिले ग़म, तो ज़ख़्मों को जगा लेता हूँ

जाता हूँ अक्सर मयख़ाने, उसे भुलाने की ख़ातिर
गर न मिलें मयकश[1], तो साक़ी को बिठा लेता हूँ

ग़म-ए-इश्क़ के दौरां, बस होश है इतना बाकी
गर न मिले मय, तो, अश्क पानी में मिला लेता हूँ

न रहनुमा[2] हूँ न अमीर, महज़, इंसान हूँ
बस सच कहने की हिम्मत जुटा लेता हूँ

1- मयकश - शराब पीने वाला/वाले
2- रहनुमा - नेता, पथ प्रदर्शक

लायक़ नहीं होते

जो नज़र मिलाकर, गुफ़्तगू न कर सकें
ऐसे शख़्स एतबार करने लायक़ नहीं होते

एक-दो-मर्तबा आज़मा लिया हो जिन्हें
दरअसल वो और परखने लायक़ नहीं होते

जो माँ-बाप से गुस्ताख़ी की हिमाक़त करें,
ऐसे नादां, औलाद कहने के लायक़ नहीं होते

जो करते हैं, लाचार, मज़लूमों[1] पर सितम
ऐसे दरिंदे, इंसान कहने लायक़ नहीं होते

'स्वदेश', ज़रा खुले दिमाग़ से, परख इंसान को
बदमिज़ाज कभी मोहब्बत के लायक़ नहीं होते

1- मज़लूमों - निरीह, लाचार

बेशक दुश्वारियाँ थीं

बेशक दुश्वारियाँ थीं, फिर भी जी रहा था
तुमने, बेवजह सर पर इल्ज़ाम ले लिया

अंधेरों से लड़ने की, कोशिश कर रहा था
क्यों जुगनूओं को तुमने पता दे दिया

भेजा था ख़त तुम्हें, आँसुओं से सजाकर
क्यों उसे दरिया-ए अश्क से मिला दिया

बावफ़ा थे तुम, और मैं भी कुछ ग़लत न था
पर सितम है वक़्त का, जिसने दग़ा दे दिया

अभी तो रौशन ही हुआ था, चराग़ ए मोहब्बत
रक़ीब-ए-इश्क़[1] ने तूफ़ाँ को पता बता दिया

1-. रक़ीब-ए इश्क़ - प्यार का दुश्मन

किसी की इम्दाद

किसी की इम्दाद में जब, हाथ बढ़ा देता हूँ
नानक की अरदास अदा कर लेता हूँ

जब किसी मज़लूम के दर्द ओ ग़म पढ़ लेता हूँ
क़दम दर क़दम उसके हमराह हो लेता हूँ

खुली आँखों से जब, मुल्क में ग़रीबी देख लेता हूँ
हुक़ूमतों की नाकामियों पर सर पकड़ लेता हूँ

जब किसी बेबस के अश्क,अपनी पलकों पर लेता हूँ
ख़ुद को इंसानियत की क़तार में समझ लेता हूँ

गवारा नहीं

दीदार-ए-यार की, बेइंतहा ख़्वाहिश है मुझे
लाचारी में मुलाक़ात करना, गवारा नहीं

मुमकिन है हिज्र में,अश्कों का छलक जाना
पर अपनी बेगुनाही पर रोना गवारा नहीं

दिखें कभी मुकम्मल उसकी जुदाई के बाद
ऐसे ख़्याल ओ ख़्वाब भी गवारा नहीं

यूँ तो बर्दाश्त की ताक़त बहुत है, मगर
दावत ए-दर्द देना, मुझे हरगिज़ गवारा नहीं

क़यामत के दिन ही सही, मुलाक़ात तो हो
पर उसे कोई सज़ा मिले, मुझे गवारा नहीं

हसीं नज़र उठाकर

हसीं नज़र उठाकर, चाहे फिर गिरा लेना
दिल शर्म-ओ-हया को निहारना चाहता है

कोयल की कूक से बेहतर है सदा तुम्हारी
दिल तुम्हारे तरन्नुम[1] में डूबना चाहता है

तमाम ख़ासियतों से, जुदा है मोहब्बत तुम्हारी
दिल वफ़ाओं के नशेमन[2] में ठहरना चाहता है

अदायें हैं कि जन्नत की हूरों से बेहतर
दिल, इन अदाओं पर फ़िदा होना चाहता है

1- तरन्नुम - स्वर माधुर्य, राग
2- नशेमन – घोंसला

तबस्सुम

दिल में हां, लब पे ना, ज़ाहिर करने में उलझन
मगर दिलकश तबस्सुम[1] ने, इज़हार[2] कर दिया

राज़ छुपाने की नाहक़[3] कोशिश कर रहे थे तुम
पर शोख़ तबस्सुम ने, राज़ ए दिल कह दिया

शक तो हुआ था, मुझे भी इक बार तुम पर
तुम्हारे पाक तबस्सुम ने, मुझे ग़लत कर दिया

झूठी हमदर्दी जता रहे थे, ख़ूबी-ए-अदा[4] से तुम
अदाये तबस्सुम ने, तुम्हें बेनक़ाब कर दिया

हमारी ख़ुशी में ख़ुशी, ख़ूबसूरती से छुपा रहे थे
'स्वदेश', अंदाज़-ए-तबस्सुम[5] ने ज़ाहिर कर दिया

1- तबस्सुम – मुस्कान, 2- इज़हार - स्वीकृति प्रकट करना, अभिव्यक्ति
3- नाहक़ - बेसबब, अकारण, 4- ख़ूबी-ए-अदा - ख़ूबसूरत अदा से
5- अंदाज़-ए-तबस्सुम--मुस्कुराहट का ढंग

एतबार नहीं

न सूरज न फ़लक, न ज़मीं न समंदर, कुछ नहीं बदला
ख़ुद बदल गये हैं हम, और, क़ुदरत पर एतबार नहीं

चराग़ों ने अंधेरों को मिटाना, छोड़ा नहीं अब तलक
खो गये हम अंधेरों में, और रौशनी पर एतबार नहीं

चांदनी ने बड़े अदब से कहा, मुझे छूकर तो देख
कहाँ बदली मैं, तुझे ख़ुद की नज़र पर एतबार नहीं

क़ुर्बान हो जाते थे अजदाद[1], जिन रिश्तों की ख़ातिर
अफ़सोस, आज उन्हीं रिश्तों पर, हमें एतबार नहीं

1- अजदाद - पूर्वज

उसकी ममता वही, दूध और ख़ून भी वही है
माँ के क़दमों तले जन्नत है, बेटे को एतबार नहीं

आपस में रंजिश, दग़ा और लूट, सब फ़रेब हैं ज़ेहन के
इन्सां इतना बदल गया कि उसे ख़ुद पर एतबार नहीं

सोचा न था

ज़िन्दगी सुख-दुख भरी, इक अजब कश्ती है
सफ़र में तूफ़ाँ से गुज़रना होगा, सोचा न था

डूबना ही नसीब था, तो भंवर मुझे क़ूबूल था
पहुंच कर साहिल पे, डूब जायेंगे, सोचा न था

ज़र, ज़मीं बिकती है, बँटती है औलाद के बीच
माँ-बाप को भी बँटना पड़ेगा, कभी सोचा न था

ज़रूरी है, ज़ुल्म के ख़िलाफ़ आवाज़ उठाना
झुलसना मुमकिन है, जल जायेंगे, सोचा न था

जन्म से ही मौत मुक़र्रर[1] है, मालूम था मुझे भी
कोई अपना ही सबब बन जायेगा, सोचा न था

'स्वदेश', डूबते को बचा लेना ही, फ़र्ज़ था मेरा
वो क्या है, और किस मज़हब का, सोचा न था

1- मुक़र्रर - *तय, निश्चित*

तबस्सुम और अश्क

जब तबस्सुम और अश्क एक साथ निकले
ख़ुशनसीब है, जिसे ऐसा हसीं लम्हा मिले

बाद मुद्दत शुरु हो सके, मिलने के सिलसिले
बेहतर है कि भूल जायें, पुराने शिकवे-गिले

मूरत बनने में पत्थर को चोट लगी, दर्द मिले
मुमकिन ही कहां कि बैठे बिठाये सुकून मिले

हम मिले, तुम मिले, हमसफ़र बनकर चले
तंग नज़र वालों को हैं, बेवज़ह शिकवे-गिले

सच की मंज़िल

सच की मंज़िल में, दिक़्क़तें तो लाज़िम हैं
पर सुकून से रह सकोगे और नज़ीर बन जाओगे

मोहब्बत ज़रूरत है, हर ख़ुशहाल ज़िन्दगी की
गर न कर सके वफ़ा, तो बहुत पछताओगे

अगर माँ और मिट्टी का हक़ न अदा किया
चैन से न रह सकोगे, जहन्नुम में जाओगे

ख़ामियाँ खोजनी हैं तो ख़ुद में तलाश कीजिये
ग़ैरों में ढूंढोगे, तो, फ़क़त तन्हा रह जाओगे

किसी इंसान को अगर ख़ुदा बनाओगे
तुम तो गिर ही गये हो, उसे भी गिराओगे

गुनाह से कम नहीं

हँसना इंसान के सिवा, किसी को नसीब नहीं
किसी मजबूर पर हँसना, गुनाह से कम नहीं

हासिल है हम सभी को, भूल जाने का हुनर
किसी की नेकी भुला देना, गुनाह से कम नहीं

जिनके ख़ून पसीने की क़ीमत पर, पले-बढ़े हैं
ख़िदमत न करना उनकी, गुनाह से कम नहीं

'स्वदेश', गर किसी मज़लूम पर ज़ुल्म देखते रहे
चुप रह जाना तुम्हारा, इक गुनाह से कम नहीं

छोड़ दोगे

मज़हब के नाम पर जब ज़ुल्म-ओ-सितम देख लोगे
'सर्व धर्म सम भाव' का ज़िक्र करना छोड़ दोगे

मुल्क में ग़रीबी की, जब सही तस्वीर देख लोगे
जनाब, जम्हूरियत[1] का नाम, लेना छोड़ दोगे

जब रिश्तों की हक़ीक़त, खुली आंखों से देख लोगे
अपने, पराये रिश्तों का, ज़िक्र करना छोड़ दोगे

किसी से हक़ीक़त में, जब इश्क़ करने लगोगे
'स्वदेश', तुम जन्नत का नाम लेना छोड़ दोगे

1- जम्हूरियत - प्रजातंत्र

मन्नत

दिल में, धड़कन में, सदा में हो तुम
नज़र में, गुलशन में, फ़िज़ा में हो तुम

मन्नत और दुआओं के क़ाबिल हो तुम
ख़्वाहिश हो, ज़ेहन ओ दिल में हो तुम

सुरूर हो, शऊर हो, दिलबर हो तुम
अहसास हो, भरोसा हो, रहबर हो तुम

उल्फ़त हो, अज़्मत हो, महबूब हो तुम
किस्मत और हक़ीक़त में भरपूर हो तुम

आगाज़ हो, उम्मीद हो, अंजाम हो तुम
'स्वदेश', हमनफ़स-ओ-हमराज़ हो तुम

सँवर सकती है

नदामत[1] से, कोशिश से ग़लती सँवर सकती है
किरदार[2] बिगड़ा तो इज़्ज़त नहीं मिल सकती है

दौलत और ख़ूबसूरती सब ख़ुदा की देन हैं
इल्म-ओ-आमाल से ज़िन्दगी बदल सकती है

नये दौर में भी रिश्तों को जीना बहुत ज़रूरी है
रिश्तों की जगह दौलत हरगिज़ नहीं ले सकती है

हालात हमेशा तुम्हारे हक़ में रहें, मुमकिन नहीं
हौसला हो तो कश्ती तूफ़ाँ से निकल सकती है

कहाँ जन्म हो, कौन माँ-बाप बने, क़ुदरत का निज़ाम है
बेवजह परेशाँ होने से हक़ीक़त नहीं बदल सकती है

1- नदामत - पश्चाताप, लज्जा
2- किरदार - चरित्र

होकर परेशाँ

होकर परेशाँ, तर्के-तअल्लुक़[1] को सोचा बहुत
इश्क़ की ख़ातिर, हर ज़ख़्म भुलाना पड़ा

ख़ुदकुशी इक गुनाह है, ये मालूम था मुझे भी
पर सितम की इंतिहा से, जान से जाना पड़ा

बड़ी हसरत-ओ-उम्मीद[2] से बनाया था आशियां[3]
हील-ओ-हुज्जत[4] से छोड़कर घर जाना पड़ा

इल्म मुझे भी है कि चलें हम ज़माने के साथ
दिखा जब ग़लत मंज़र तो सामने आना पड़ा

जहाँ में कोई भी मुकम्मल नहीं, ख़ुदा के सिवा
मजबूरन ये इल्म जहाँ को याद दिलाना पड़ा

1- तर्के-ताल्लुक़ - संबंध विच्छेद
2- हसरत-ओ-उम्मीद - चाहत और आशा
3- आशियां - आवास, घर, 4- हील-ओ-हुज्जत - तर्क-वितर्क

बेमानी है

तंज़ ओ तल्ख़ लफ़्ज़ों से जब दिल छलनी हो जाय
तब शीरीं[1] लहजा[2] और प्यार जताना बेमानी है

जब सूख जाये फ़सल, टूट जाये दहक़ाँ[3] की कमर
घनघोर घटायें और झमाझम बारिश, बेमानी है

चाहे मसअला[4] ख़ुद का हो या हो दुनियादारी का
अगर सलाहियत[5] नहीं, तो गुफ़्तगू बेमानी है

किसी हरकत से, गर छलकें वालिदैन के आँसू
तो सारे तोहफ़े, तमाम इबादत बेमानी है

'स्वदेश', बात चाहे मज़हब की हो या ईमान की
लहजे में अगर इन्सानियत नहीं, तो बेमानी है

1- शीरीं – मधुर, 2- लहजा - बात करने का ढंग, टोन, आवाज़
3- दहक़ाँ – किसान
4- मसअला - समस्या, मुद्दा, 5- सलाहियत-- संयम, सदाचार

पाकीज़ा नूर

उसकी हसीं आँखों में चाहत का समंदर है
दिलनशीं ख़ुशदिल है, मासूम और सुंदर है

महजबीं[1] के सुर्ख रूख़सार[2] हँस रहे हैं
पलकें झुक रहीं हैं और लब मचल रहे हैं

कानों में मोती हैं, ज़ुल्फ़ महक रही है
शीरीं आवाज़ है, हँसी छलक रही है

कंगन खनक रहे हैं, अंगूठियाँ चमक रही हैं
नाज़ुक अंगुलियाँ, हथेलियाँ मसल रही हैं

1- महजबीं - चांद जैसे उज्ज्वल मस्तिष्क वाली
2- रूखसार - कपोल, गाल

उसके लिबास ने ख़ूबसूरती को निखारा है
शायद रब ने हूर को ज़मीं पर उतारा है

उसकी हर इक अदा सलाहियत[3] से भरपूर है
ख़ूबसूरती में कशिश है और पाकीज़ा नूर है

3- सलाहियत - सदाचार, भलाई

लाज़िम हैं ईमान

दिल ख़ुश है, नम आँखें, लब पर है मुस्कान
मसअला है ये इश्क़ का, क्यों बनता नादान

नींद हो गयी रुख़सत, दिल रहता परेशान
होता नहीं इश्क़ आसान, मत बन तू नादान

बेइंतहा प्यार ही इश्क़ है, इतना कहना मान
हो सकता है किसी से ये, पर लाज़िम है ईमान

दिल, दौलत और वक़्त, सब तुम पर क़ुर्बान
इश्क़ नहीं है सौदा जानम, बनता क्यों नादान

ज़ेहन-ओ-दिल,ख़्याल-ओ-ख़्वाब में है उसका नाम
सब के सब दस्तूर-ए-इश्क़ हैं, क्यों बनता नादान

बयार

बयार तुम्हारे मुआफ़िक़[1] ही चले, ज़रूरी नहीं
कभी-कभार ख़िलाफ़ भी, चलना पड़ता है

परिन्दों की होती है, साथ उड़ने की फ़ितरत
पर उन्हें भी अक्सर अकेले उड़ना पड़ता है

रिश्तों को मुहब्बत से जीना, फ़ितरत -ए- इंसान है
गर हद हो जाय ख़ुदग़र्ज़ी की, तोड़ना भी पड़ता है

हर नदी की ख़्वाहिश है कि जाकर समंदर से मिले
हार जाती है जो रुकावटों से, मिट जाना पड़ता है

1- मुआफ़िक़ - अनुकूल

उसकी आँखें

उसकी आँखों में सारा संसार दिखता है
कभी कशिश, कभी नूर ओ प्यार दिखता है

झील सी आँखों में जब कंवल खिलता है
ख़ूबसूरत आँखों में जन्नत सा मंज़र दिखता है

हसीं आँखों में शऊर और सुरूर दिखता है
लब न कह सके, वो सच भरपूर दिखता है

उसकी मस्त आँखों में रंगीन पैमाना दिखता है
जवाँ दिलों को हुस्न का मयख़ाना दिखता है

ज़माना सुधर जायेगा

अदायें, ख़ूबसूरती और दौलत, बेमानी हैं सब
होगा जिससे इश्क़ तुझे, वही ख़ुदा हो जायेगा

नीयत नेक हो, ज़ेहन-ओ-दिल में हो ईमान
चाहे जग बैरी हो जाय, कामयाब हो जायेगा

पहले मक़सद तय कर, फ़िर शिद्दत से मेहनत
दिक़्क़त चाहे जितनी हो, कामयाब हो जायेगा

हालात या ज़माने पर,और क्या कहूँ, 'स्वदेश'
संभल जाय हर शख़्स, ज़माना सुधर जायेगा

कोई सानी नहीं

हँसने की ने'मत तो नसीब है, हर किसी को
उसकी दिलकश हँसी का कोई सानी नहीं[1]

ख़ूबसूरत आँखें हँसती हैं, लब हँसते हैं
उसकी नूरानी शक्ल का कोई सानी नहीं

उसकी पेशानी चमकती है, गेसू महकते हैं
गूंजते हुये क़हक़हों का, कोई सानी नहीं

उसका दिल हँसता है, लफ़्ज़ हँसते हैं,
पर दिलकश अदब का, कोई सानी नहीं

जिसके आने से आ जाये, महफ़िल में रौनक
'स्वदेश', उसकी ख़ूबसूरती का कोई सानी नहीं

1- सानी नहीं - जोड़ नहीं

अंजाम-ए-आशिक़ी

न हो सके जो शामिल, इन्सान की जमात में
वो रहनुमाओं में शुमार किये जाने लगे हैं

क़ुर्बान हुए हम जिनकी ख़ुशियों की ख़ातिर
ख़ुश देखकर हमें, वही तिलमिलाने लगे हैं

नहीं रहा जिनको कभी वफ़ा से वास्ता
वो भी बावफ़ा पर पत्थर आजमाने लगे हैं

'स्वदेश', जो कहते थे, कर लो मयकशी से तौबा
अंजाम-ए-आशिक़ी में, मयख़ाने जाने लगे हैं

क़ुदरत का निज़ाम

मौसम का मिज़ाज है, क़ुदरत का निज़ाम
हम कभी क़ुदरत के ख़िलाफ़ नहीं बोलते

प्यार और शफ़क़त[1] से परवरिश करते हैं, माँ-बाप
उनकी मर्ज़ी के ख़िलाफ़, हम हरगिज़ नहीं बोलते

वफ़ा करे या जफ़ा, ये है उसका फैसला
हम मोहब्बत के ख़िलाफ़ कभी नहीं बोलते

गर ज़ख़्म मिले रिश्तों से, लाज़िम है परेशाँ होना
मो'अत्तबर[2],कभी रिश्तों के ख़िलाफ़ नहीं बोलते

1- शफ़क़त - ममता

2 - मो'अत्तबर - विश्वसनीय, विश्वास करने वाले

सजदा भी सही था और दिल से की थी दुआ
ख़ुदा जानता है कि मेरे हक़ में नहीं थी दुआ

www.ingramcontent.com/pod-product-compliance
Lightning Source LLC
LaVergne TN
LVHW041627070526
838199LV00052B/3264